# UN DIMANCHE QUI RAPPORTE

## Paule MERLE

Éditions ART ET COMÉDIE
3, rue de Marivaux
75002 PARIS

## NOTE DE L'AUTEUR

S'attaquer au vaudeville était un défi que je m'étais promis de relever. La tâche n'était pas aisée, mais j'ose croire que j'ai atteint mon but : « faire rire ».

Feydeau était un maître en la matière, nous ne pouvons que rêver d'être un de ses modestes disciples.

PAULE MERLE

# PERSONNAGES

**ERNIE**, avocat divorcé
**MARIE**, sa bonne (esprit vif)
**VALÉRIE 1 / ÉLÉONORE**, son ex-maîtresse
**VALÉRIE 2**, sa future jeune maîtresse (espère-t-il)
**VALÉRIE 3**, intruse paumée
**SONIA**, sa fille (amie de Valérie 2)
**NOÉMIE**, son ex-épouse
**CAROLINE**, son ex-belle-mère
**JUSTIN**, époux de Valérie 1
**LUCAS**, époux de Valérie 3

# DÉCOR

Un salon cossu : canapé, bar, chaises de bar… Une porte vers la chambre (dos au canapé), une vers l'entrée et le salon de lecture, une autre vers la salle de bains et le bureau.

# ACTE I

**ERNIE**, *entrant en robe de chambre.* – Marie! Marie! Neuf heures du matin, ce n'est pas croyable! Dort-elle encore?

**MARIE**, *entrant elle aussi en robe de chambre.* – Voilà, je ne dors plus! Qu'avez-vous à hurler ainsi? Je vous signale que nous sommes dimanche et que j'ai droit moi aussi à un peu de repos.

**ERNIE**. – Vous vous reposerez demain.

**MARIE**, *chantant.* – « Parole, parole, parole… »

**ERNIE**. – Je vous promets.

**MARIE**. – Pas confiance dans vos promesses, tout le monde sait que les avocats sont de grands menteurs.

**ERNIE**. – Un peu de retenue, je vous prie. Ne soyez pas injurieuse.

**MARIE**. – Ce n'est pas une injure, c'est une constatation.

**ERNIE**. – Ne nous querellons pas. Vous savez très bien que j'apprécie énormément que vous soyez à mon service. Vous êtes une employée exemplaire…

**MARIE**. – Ce n'est pas bon signe ça.

**ERNIE**. – Quoi donc?

**MARIE.** – Vous essayez de me caresser dans le sens du poil. Vous, vous avez quelque chose à me demander.

**ERNIE.** – Qu'allez-vous chercher là ?

**MARIE.** – Écoutez, je suis votre bonniche, mais faudrait pas me prendre pour une gourde. Si vous m'avez fait sortir du lit, c'est forcément parce que vous avez besoin de moi, alors accouchez.

**ERNIE.** – Voilà, j'ai un rendez-vous à dix heures.

**MARIE.** – Un dimanche matin ? Mais je rêve !

**ERNIE.** – Un rendez-vous particulier.

**MARIE.** – Ça y est, j'ai pigé : encore une conquête. Les jours de la semaine ne vous suffisent pas ; il faut aussi que je sois votre complice le dimanche.

**ERNIE.** – C'est un jour comme les autres, et même plus. Allez, juste une petite entorse à notre accord.

**MARIE.** – Ouais, mais on est dimanche et, le dimanche, je me repose !

**ERNIE.** – Je suis prêt à faire un petit effort.

**MARIE.** – Petit ? Je préfèrerais un grand !

**ERNIE.** – Vous me faites du chantage ?

**MARIE.** – Je ne connais même pas ce mot ! C'est plutôt mathématique : grand service égale grand effort.

**ERNIE.** – Quatre-vingts euros de plus sur votre salaire, ça marche !

**MARIE.** – Non, c'est cent euros en liquide et tout de suite ; mieux vaut tenir qu'attendre.

**ERNIE.** – Vous êtes dure en affaires.

**MARIE.** – Vous êtes un excellent professeur, alors !

**ERNIE**, *allant chercher cent euros et les donnant à Marie.* – J'achète.

**MARIE.** – O.K. ! À quelle heure votre rendez-vous ?

**ERNIE.** – Dix heures.

**MARIE.** – Vous avez vu ? Neuf heures et demie ! Je cours m'habiller. Vous devriez passer par la salle de bains. *(Elle sort, puis rouvre la porte.)* Au fait, comment s'appelle la belle ?

**ERNIE.** – Valérie et… *(Marie n'attend pas la fin de la phrase et referme la porte.)* Je n'ai pas pu lui expliquer. Je la connais bien, elle râle, mais elle m'est toute dévouée et puis elle sait admirablement improviser. Bien, je vais prendre une petite douche, me vêtir avantageusement et puis, pour une fois, ce sera l'homme qui se fera désirer. *(Il sort.)*

*La scène reste vide quelques instants, puis Marie réapparaît.*

**MARIE**, *s'activant dans le salon.* – C'est incroyable : hier au soir, il est parti faire la java, et ce matin, il est frais comme une rose et frétille comme un gardon. Un vrai don Juan mon patron ! Je l'aime bien. Je le comprends un peu. Je crois qu'il se venge des femmes ; son ex-épouse et sa belle-mère n'étaient pas de tout repos. Elles n'en voulaient qu'à son fric. De son mariage, il ne lui reste qu'une belle chose : sa fille, en espérant que sa grand-mère ne la pourrisse pas. Quant à la Valérie qu'il attend, je ne peux pas la sentir : une pécore pédante et prétentieuse qui se la joue grande dame. *(La sonnette retentit, elle regarde l'heure.)* Elle n'est pas en retard. Bourgeoise peut-être, mais le feu aux fesses sûrement.

*On sonne à nouveau. Marie va ouvrir.*

**VALÉRIE 1**, *entrant.* – Vous n'êtes guère pressée, ma fille.

**MARIE**. – J'en connais qui le sont. Dites donc, je pourrais à la rigueur être votre sœur mais pas votre fille.

**VALÉRIE 1**. – C'est ainsi que les gens de la bonne société appellent les servantes. Maîtrisez votre insolence.

**MARIE**, *narquoise.* – Que Madame veuille bien m'excuser. Comme vous venez assez fréquemment couc… rendre visite à Monsieur, je voudrais, si vous le permettez, vous poser une question.

**VALÉRIE 1**. – Je vous en prie, faites.

**MARIE**. – Savez-vous comment nous, les employés de maison, appelons les femmes comme vous ?

**VALÉRIE 1**, *se rengorgeant.* – Non, mais je ne doute pas que cela soit flatteur.

**MARIE**. – Nymphomanes !!!

**VALÉRIE 1**, *furieuse.* – Comment ?!

**MARIE**, *moqueuse.* – C'est joli, non ? Des nymphes pour les mains de ces messieurs.

**VALÉRIE 1**, *radoucie.* – Vu sous cet angle, en effet. Pour l'heure, je vais rejoindre Ernie dans sa chambre. Je souhaite lui faire une surprise.

**MARIE**. – Une surprise ?

**VALÉRIE 1**. – Il ne m'attend pas ce matin. Comme je suis libre toute la journée, nous aurons ainsi tout le dimanche pour nous.

**MARIE.** – Ah! *(En aparté.)* Je ne pige pas tout, il faut jouer fine, mais fine… *(À Valérie 1.)* Je regrette, mais pour l'heure, Monsieur n'est pas disponible.

**VALÉRIE 1.** – Ce n'est pas possible!

**MARIE,** *sournoisement compatissante.* – Si! Monsieur est en rendez-vous avec un client qui est dans le pétrin.

**VALÉRIE 1,** *distraite.* – C'est un boulanger?

**MARIE.** – Un boulanger? Quel boulanger?

**VALÉRIE 1.** – Vous avez dit « pétrin ».

**MARIE.** – Pétrin : synonyme de mouise, panade, pépin, enfin, quelqu'un qui a de gros, mais de gros ennuis.

**VALÉRIE 1.** – Je reconnais bien là mon tout doux. Son grand cœur le perdra.

**MARIE.** – Que cela n'empêche pas Madame d'aller se mettre à son aise dans la chambre, comme d'habitude, Monsieur la rejoindra. *(Puis discrètement.)* Peut-être.

**VALÉRIE 1.** – Vous avez raison, j'y vole. *(Elle monte dans la chambre.)*

**MARIE.** – Et si vous pouviez éviter de foutre la pagaille dans la piaule, comme d'habitude, ça m'arrangerait. *(Mais Valérie 1 a déjà disparu.)* Toudoux? Elle a donné un surnom bizarre à Monsieur. Quand j'étais gamine, j'avais un chat qui s'appelait Toudoux et il redressait fièrement la queue quand je le caressais. *(Se rendant compte de ce qu'elle vient de dire, elle éclate de rire.)* Je dis n'importe quoi! *(On frappe à la porte. Elle va ouvrir.)* Mais on n'attend plus personne!

*Une jeune fille entre, casque de baladeur sur les oreilles, mâchant un chewing-gum.*

**VALÉRIE 2**, *se présentant.* – Je suis Valérie et je suis attendue par votre patron.

**MARIE**. – Oh! merde!

**VALÉRIE 2**. – Vous n'avez pas été prévenue de ma visite?

**MARIE**. – Si, bien sûr que si; mais pour parler franc, je ne vous voyais pas aussi jeune… Une gamine et sûrement pas majeure.

**VALÉRIE 2**. – Mais si, j'ai dix-neuf ans!

**MARIE**. – Faites-moi plaisir, dites-moi que c'est un rendez-vous d'affaires.

**VALÉRIE 2**. – Dans un sens, oui.

**MARIE**. – Ouf!… Comment ça, « dans un sens »?

**VALÉRIE 2**. – Si je peux en tirer profit, je ne vais pas me gêner.

**MARIE**. – Vous êtes vénale.

**VALÉRIE 2**. – Ça vous choque?

**MARIE**. – Dire que j'ai sacrifié mon dimanche pour entendre ça! Donc pour passer quelques heures…

**VALÉRIE 2**. – Comme vous y allez! Une demi-heure tout au plus; j'ai autre chose à faire.

**MARIE**. – Donc, pour passer quelques minutes avec lui, mon patron vous a offert de l'argent.

**VALÉRIE 2**. – Non, mais je suis prête à négocier.

**MARIE**. – Négocier!

**Valérie 2.** – Je suis jeune, fraîche ; coucher avec un vieux ça se monnaye.

**Marie.** – Un vieux !

**Valérie 2.** – Ben oui, il pourrait être mon père.

**Marie.** – C'est vrai, sa fille a le même âge que vous.

**Valérie 2.** – Ah ! vous voyez ! J'ai raison : c'est un vieux.

**Marie.** – D'accord, d'accord... Monsieur a une cote très élevée auprès de ces dames et n'a pas besoin de sortir le portefeuille.

**Valérie 2.** – Je me charge de le faire changer d'avis.

**Marie.** – Aucune chance.

**Valérie 2.** – On parie que je lui fais cracher cent euros ?

**Marie.** – Si vous avez vos cent euros, moi je lui en demande deux cents.

**Valérie 2.** – Vous couchez avec lui ?

**Marie.** – Ça va pas ? Est-ce que j'ai une tête à m'envoyer en l'air avec mon patron ?

**Valérie 2.** – La tête n'a rien à voir là-dedans.

**Marie.** – Suffit. Je vais vous faire patienter dans le salon de lecture.

**Valérie 2.** – J'ai autre chose à faire que de bouquiner, si vous voyez ce que je veux dire.

**Marie.** – M'en fous, Monsieur est en rendez-vous. C'est le petit salon, ou la sortie est par là. Je ne vous retiens pas.

**Valérie 2.** – Va pour le salon. Je tiens à gagner mon pari !

**MARIE.** – Allez, ouste! Du balai! *(Elle pousse Valérie 2 sans ménagement vers le salon.)* Qu'est-ce que c'est que cette histoire? *(Elle se dirige vers la salle de bains et ouvre la porte. Doucement.)* Monsieur… *(Elle regarde autour d'elle puis plus fort.)* Monsieur, rappliquez vite fait, ça urge!

**ERNIE,** *entrant.* – Que se passe-t-il? Pourquoi cette excitation? Il n'y a pas le feu!

**MARIE.** – C'est pire.

**ERNIE.** – Expliquez-vous.

**MARIE,** *très en colère.* – Ah non! C'est à vous d'expliquer! Vous ne m'avez jamais fait un coup pareil! Et dieu sait s'il a fallu que je m'adapte au défilé de bonnes femmes en tout genre dans cet appartement depuis votre divorce! J'ai eu droit à tout : aux bimbos débiles, aux comtesses défraîchies, aux ex-chanteuses alcoolos, aux végétariennes, aux obsédées de la propreté, à la culturiste qui vous avait mis un œil au beurre noir, à la demeurée qui courait à poil en chantant des cantiques… Mais aujourd'hui, c'est le pompon!!!

**ERNIE.** – Ne vous énervez pas, et dites-moi ce qui se passe.

**MARIE.** – Vous osez me demander ce qui se passe? Il se passe que je me trouve… VOUS vous trouvez avec deux Valérie sur les bras!

**ERNIE.** – Vous déraisonnez, Marie! C'est impossible.

**MARIE.** – C'est ça, traitez-moi de folle! La première Valérie, l'habituée, la pécore, est en ce moment dans votre chambre.

**ERNIE.** – Invraisemblable! Je lui ai fait comprendre que nous deux c'était de l'histoire ancienne.

**MARIE.** – Vous n'avez pas dû être clair, elle vous fait soi-disant une surprise et ne s'est pas fait prier pour aller s'allonger en attendant la fin de votre rendez-vous d'affaires.

**ERNIE.** – Mais je n'avais pas de rendez-vous !

**MARIE.** – Je le lui ai dit.

**ERNIE.** – Pourquoi avoir menti ?

**MARIE.** – Je n'en sais rien, je dois prévoir les embrouilles, une sorte de sixième sens. Heureusement, parce que la première ayant disparu, voilà la deuxième qui rapplique.

**ERNIE.** – La deuxième ?

**MARIE.** – Faut suivre. La deuxième Valérie, la nymphette. Rien ne vous arrête, vous les prenez au biberon !

**ERNIE.** – N'exagérez pas, tout de même ! Elle doit avoir vingt ans.

**MARIE.** – Dix-neuf. L'âge de votre fille. Je l'ai planquée dans le petit salon, et je vous préviens : elle est pressée. Maintenant, je vous laisse vous débrouiller avec vos nanas.

**ERNIE.** – Comment vais-je faire ?

**MARIE.** – C'est à vous de voir. *(Elle sort.)*

**ERNIE.** – « À vous de voir. » Elle en a de bonnes ! Ce n'est peut-être pas très courageux, mais je préfère m'éclipser direction le bureau. Après tout, ne suis-je pas en rendez-vous d'affaires ? *(Il sort.)*

*La porte de la chambre s'ouvre. Apparaît Valérie 1 en tenue très aguichante.*

**VALÉRIE 1.** – C'est incroyable ! Il ne va pas y passer la journée ! *(Elle se dirige vers le bureau.)* Chéri ! Je suis là… et bouillante !

**ERNIE,** *off.* – Trop occupé, encore une demi-heure. Appelle Marie et fais-toi servir quelque chose de frais.

**VALÉRIE 1**. – Il y a une façon plus agréable de passer une demi-heure que de poireauter… Marie! Marie!

*Marie entre sans enthousiasme.*

**MARIE**. – Qu'est-ce qu'il y a encore?

**VALÉRIE 1**. – Servez-moi un verre de ce que vous voulez, mais fort et glacé.

**MARIE**. – Ah! je vois! Madame veut calmer les braises!

**VALÉRIE 1**. – Cessez de faire de l'esprit et servez-moi. *(Marie lui prépare un grand verre dans lequel elle met un peu d'eau avec beaucoup de glace. Elle le lui tend.)* Merci. *(Elle boit et fait la grimace.)* C'est de l'eau!

**MARIE**. – Naturellement! L'alcool, ce serait mettre de l'huile sur le feu!

**VALÉRIE 1**. – Arrêtez avec vos jeux de mots stupides!

**MARIE**. – Stupides? Il ne faut pas avoir fait l'ENA pour savoir que l'eau éteint l'incendie!

**VALÉRIE 1**. – Cessez vos élucubrations.

**MARIE**. – J'ai un frère célibataire et assez beau garçon.

**VALÉRIE 1**. – Vous sautez du coq à l'âne! Je me moque de votre frère.

**MARIE**. – Vous avez tort : il est pompier.

*Valérie 1, de rage, ne se contenant plus, lui jette son verre à la figure et la rate.*

**VALÉRIE 1**. – Sortez! Sortez avant que je ne perde mon sang-froid!

**MARIE.** – Vous l'avez déjà perdu.

**VALÉRIE 1.** – Rrh!!!

*À ce moment, entre Valérie 2 dansant au rythme de la musique que diffuse son baladeur.*

**VALÉRIE 2.** – Je vais attendre encore longtemps? J'en ai ras le bol de faire le pied de grue!

**MARIE,** *riant.* – L'expression est de circonstance!

**VALÉRIE 1,** *à Marie.* – Qui est cette jeune personne?

**MARIE.** – Je vous présente : Valérie, Valérie. Valérie, Valérie.

**VALÉRIE 1.** – Vous vous foutez de moi?

**MARIE.** – Pas du tout. C'est marrant, non?

**VALÉRIE 1.** – Je ne trouve pas.

**VALÉRIE 2.** – Dites à votre boss de se bouger un peu, je vais perdre patience.

**MARIE.** – Et votre pari?

**VALÉRIE 2.** – Ah! ça non alors!

**MARIE.** – Je ne peux pas déranger Monsieur.

**VALÉRIE 2.** – Mais si. *(Elle se dirige vers ce qu'elle croit être le bureau, mais Valérie 1 la retient.)*

**VALÉRIE 1.** – Que faites-vous ici?

**MARIE.** – Mademoiselle a rendez-vous.

**VALÉRIE 1.** – D'affaires!

**MARIE.** – En quelque sorte.

**Valérie 1.** – Et moi alors ?

**Valérie 2.** – Vous, vous attendrez, comme tout le monde.

**Valérie 1.** – Mais on ne monte pas un dossier un dimanche !

**Valérie 2.** – Vous avez une façon pas banale de voir les choses, vous.

**Marie,** *riant, à Valérie 1.* – Il serait peut-être bon de dissiper un malentendu.

**Valérie 2.** – Dites donc, vous tchatchez vachement bien pour une bonniche.

**Marie.** – Monsieur n'apprécierait guère que je sois inculte et sans éducation.

**Valérie 1.** – Cependant, vous ne vous gênez guère pour tenir des propos désobligeants.

**Marie.** – Il ne faut jamais me tendre le bâton pour se faire battre.

**Valérie 2.** – Ça veut dire quoi ?

**Valérie 1.** – Rien ! Marie voulait nous parler d'un quiproquo.

**Marie.** – C'est vrai ! *(À Valérie 1.)* Mademoiselle…

**Valérie 2.** – Valérie.

**Marie.** – Valérie est ici pour la même raison que vous.

**Valérie 1.** – Quoi ? Je rêve !

**Valérie 2.** – Non, mais moi ce n'est pas comme vous, ce n'est pas gratis.

**Valérie 1.** – Il tombe dans la débauche !

**Valérie 2.** – Il ne sait pas encore que ça va lui coûter cent euros.

**VALÉRIE 1.** – C'est insensé ! Se compromettre avec une… une…

**VALÉRIE 2.** – … prostituée ? Là vous n'y êtes pas du tout. C'est occasionnel, j'ai juste besoin d'un gros billet.

**VALÉRIE 1.** – Vous n'avez qu'à trouver un job honnête !

**VALÉRIE 2.** – Honnête ? C'est plus honnête ce que vous faites ? À voir votre tronche, je suppose que vous êtes mariée.

**VALÉRIE 1.** – Ça ne vous regarde pas, je n'ai pas de comptes à vous rendre. Et puis, moi, je suis de son âge !

**VALÉRIE 2.** – Ben, justement…

**MARIE**, *sentant que la discussion risque de mal tourner, s'interposant.* – Ne vous échauffez pas inutilement.

**VALÉRIE 1.** – Ah non ! Vous n'allez pas remettre la chaleur sur le tapis !

**MARIE.** – Ce que vous prenez vite la mouche ! *(En aparté.)* Je sens arriver l'orage.

**VALÉRIE 1**, *à Valérie 2.* – Que vouliez-vous dire ?

**VALÉRIE 2.** – Il souhaite s'encanailler ; avoir toujours du réchauffé c'est lassant, alors que la chair douce et fraîche c'est tellement plus appétissant…

**MARIE.** – Ouille, ouille, ouille !!! *(Elle rit.)*

**VALÉRIE 1.** – Qu'insinuez-vous ?

**VALÉRIE 2.** – Vous êtes plutôt bien conservée, mais vous êtes vieille.

**VALÉRIE 1**, *se jetant sur Valérie 2.* – Une vieille, moi ? Une vieille ? Je vais avoir quarante ans !

**VALÉRIE 2**. – C'est vieux !

**VALÉRIE 1**. – Et vous allez coucher avec un vieux !

**VALÉRIE 2**. – On ne regarde pas l'âge pour une poignée d'euros.

*Bagarre entre les deux Valérie ponctuée par quelques noms d'oiseaux : « catin », « bourgeoise », « garce », « vieille »... Marie tente de les séparer.*

**LES DEUX VALÉRIE**, *à Marie, en la bousculant.* – Du vent !

*Marie se dirige vers le bureau en courant et revient en poussant Ernie devant elle.*

**MARIE**. – Faites quelque chose !

**ERNIE**. – Oh ! moi, les histoires de bonnes femmes…

**MARIE**. – Dégonflé ! C'est vous qui êtes à l'origine de ce pugilat.

**ERNIE**. – Qu'elles se débrouillent ! Tout ça ne serait pas arrivé si Valérie n'était pas venue.

**MARIE**. – Laquelle ?

**ERNIE**. – La plus vieille.

*À ces mots, la rixe cesse instantanément.*

**VALÉRIE 1**. – Tu ne vas pas t'y mettre toi aussi ! Tu es bien content de l'avoir, la « vieille » !

**ERNIE**. – Je ne t'ai pas traitée de vieille.

**VALÉRIE 2**. – Ah si ! Ah si ! Vous l'avez dit !

**ERNIE**. – Je voulais dire la moins jeune. *(À Valérie 1.)* Là, tu es contente ? C'est de ta faute, tu n'avais pas à venir, surtout pas aujourd'hui, lors de notre dernier rendez-vous. Je t'avais précisé que notre histoire était sur la fin.

**VALÉRIE 1**. – Tu n'as jamais dit ça. Tu as dit qu'il serait bon d'espacer nos rencontres. *(Elle pleurniche.)*

**MARIE**, *à Ernie*. – J'étais sûre que vous n'aviez pas été clair.

**ERNIE**. – Je pensais que ça l'était. *(À Valérie 1.)* Va sécher tes larmes dans la chambre et reprendre tes esprits. Je te connais bien, tu sauras vite me remplacer.

**MARIE**, *à Valérie 1*. – J'ai quelqu'un sous la main : le pompier.

**VALÉRIE 1**. – Oh! vous! *(Elle se retire dans la chambre.)*

**VALÉRIE 2**, *boudeuse*. – Vous allez vous décider à vous occuper un peu de moi?

**ERNIE**. – Je suis tout à vous. Marie, vous pouvez disposer.

**MARIE**. – Je n'avais pas l'intention de tenir la chandelle. Je vais monter voir l'autre Valérie.

**VALÉRIE 2**. – Vous voulez la consoler?

**MARIE**. – Non, je veux juste vérifier que de rage elle ne mette pas la chambre à sac. *(Elle sort.)*

**VALÉRIE 2**. – Je ne ferai pas autant d'histoires; les aventures amoureuses, ça va, ça vient.

**ERNIE**, *l'attirant à lui*. – Vous n'êtes pas compliquée.

**VALÉRIE 2**. – M'attacher, à mon âge! Faut être sérieux.

**ERNIE**, *devenant entreprenant*. – Justement, si nous ne l'étions pas, sérieux…

**VALÉRIE 2**. – Ho! ho! Doucement, pépère!

**ERNIE**. – « Pépère »?!

**VALÉRIE 2**. – Passé un certain âge, je monnaie mes charmes.

**ERNIE.** – Vous quoi ?

**VALÉRIE 2.** – Ben oui, ce n'est pas gratis. Un petit billet serait le bienvenu.

**ERNIE.** – Jamais de la vie ! Je n'ai jamais sorti un sou pour ce genre d'exercice, ce n'est pas avec vous que je vais commencer.

**VALÉRIE 2,** *câline, s'accrochant à son cou.* – Allez, laissez-vous tenter ! Cent euros, pour vous, ce n'est pas la mer à boire !

**ERNIE.** – Cent euros par-ci, cent euros par-là, et je me retrouve sur la paille. Je me fais assez ponctionner par ma femme et ma fille.

*Juste comme il dit ces mots, sa fille entre.*

**SONIA.** – Oh !

**ERNIE.** – Tu ne pourrais pas sonner comme tout le monde ?

**SONIA.** – Tu oublies que j'ai la clé ? Je suis ici un peu chez moi.

**ERNIE.** – De là à arriver à l'improviste…

**SONIA.** – Surtout pour te voir dans les bras de ma meilleure amie !

**ERNIE.** – Ton amie ? Tu as de bien mauvaises fréquentations !

**SONIA.** – Mauvaises pour moi, mais pas pour toi, d'après ce que j'ai vu. Mettre dans ton lit une fille de mon âge ! Tu n'as pas honte ?

**ERNIE.** – Hé ! ho ! Tu n'as pas fait de scène à ta mère quand elle m'a quitté pour un gamin de quinze ans son cadet.

**SONIA.** – C'était différent !

**VALÉRIE 2.** – Chouette, ta mère est une cougar !

**SONIA,** *à son père.* – Maman voulait se sentir jeune et attirante. Pour toi, ce n'était rien de plus qu'une potiche à qui on jette de temps en temps un regard distrait.

**ERNIE.** – D'où sors-tu de pareilles âneries ?

**SONIA.** – De grand-mère.

**ERNIE.** – Celle-là, elle va continuer longtemps à me pourrir la vie !

**SONIA.** – N'essaie pas de faire dévier le sujet. Dis-moi pourquoi tu as dragué ma copine.

**ERNIE.** – Mais je n'ai rien fait !

**SONIA.** – Tu te fiches de moi ?

**VALÉRIE 2.** – Il a raison. C'est moi qui l'ai levé.

**SONIA.** – T'es malade ! T'es la première à dire que c'est dégoûtant de coucher avec des vieux !

**ERNIE.** – Pas quand il s'agit de se faire de l'argent de poche.

**SONIA.** – Ce n'est pas vrai ! Avec ton fric, va voir des professionnelles !

**ERNIE.** – Parce que ce n'en est pas une ?

**SONIA.** – Tu débloques ! Laisse les braves filles tranquilles !

**ERNIE.** – Demande donc des explications à la brave fille.

**SONIA.** – Que veux-tu qu'elle me dise ?

**ERNIE,** *prenant Valérie 2 par le bras.* – La vérité.

**VALÉRIE 2.** – Je te l'ai dit : je te jure que c'est moi qui lui ai fait du rentre-dedans à ton père.

**SONIA.** – Tu ne le connaissais pas.

**VALÉRIE 2.** – Non, mais tu m'avais dit où il créchait.

**SONIA.** – Et alors ?

**VALÉRIE 2**. – Ben la première fois je l'ai suivi, puis j'ai fait en sorte de me trouver aux mêmes endroits que lui. Ensuite, ça a été du gâteau. Les hommes sont tellement prétentieux, qu'il a cru que son charme opérait.

**ERNIE**. – J'ai rien vu venir.

**SONIA**. – Pourquoi?

**VALÉRIE 2**. – On a besoin d'argent pour notre projet de voyage et tu m'as dit que ton père, malgré sa situation, ne voulait pas nous aider. Alors, j'ai décidé de le faire cracher.

**SONIA**. – T'es complètement givrée! Tu demandais combien?

**VALÉRIE 2**. – Ben cent euros, mais il n'était pas d'accord.

**SONIA**. – Ça ne m'étonne pas! Et puis il nous en faut mille pour notre projet.

**VALÉRIE 2**. – S'il avait marché, je me serais sacrifiée dix fois.

**SONIA**. – Il y avait une autre solution, je venais justement lui demander…

**ERNIE**, *explosant, furieux*. – Stop!!! Vous croyez que j'ai une planche à billets planquée quelque part? Alors toi, ma petite fille, je ne sais pas ce que tu fais du fric, mais il y a quelques jours, ta mère m'a demandé, par mail bien sûr, deux mille euros pour financer ton voyage; argent que je lui ai fait parvenir en retour.

**SONIA**. – Je n'en ai pas vu la couleur.

**VALÉRIE 2**. – Le gigolo a dû la voir, lui.

**ERNIE**. – Vous avez le mérite d'être lucide.

**VALÉRIE 2**. – Toujours. Alors, vous nous les filez ces mille euros?

**ERNIE.** – Puisque vous êtes prête à jouer les martyres, cherchez une autre pomme.

**SONIA.** – Papa, calme-toi. *(À Valérie 2.)* Quant à toi, va m'attendre dehors.

**VALÉRIE 2.** – Non, je reste avec toi, tu vas te faire avoir.

**SONIA et ERNIE.** – Dehors !!!

*Valérie 2 sort.*

**SONIA.** – Mon petit papa, je suis vraiment désolée. Si tu ne courais pas après tout ce qui bouge, aussi…

**ERNIE.** – Ton amie se comporte comme une traînée, et c'est moi que tu critiques ?

**SONIA.** – Là, tu exagères.

**ERNIE.** – J'exagère ?!

**SONIA.** – Ben oui. En fin de compte, ça se solde par un non-lieu.

**ERNIE.** – T'es pas douée pour faire de l'humour.

**SONIA.** – Si on en revenait au but de ma visite ?

**ERNIE.** – Pas un radis !

**SONIA.** – Allez, mon petit papa…

**ERNIE.** – Non, trois fois non. Tu n'as qu'à régler ce problème avec ta mère.

**SONIA,** *sortant, furieuse.* – Tu n'es pas chic !

**ERNIE.** – C'est ça ! *(Il se sert à boire et s'assied.)* Ah ! les femmes !

*Rideau*

# ACTE II

*Ernie sirote son verre assis dans son canapé quand on frappe à la porte. Il se lève et va ouvrir. Une femme entre sans attendre l'invitation.*

**ERNIE.** – Mais madame, qui êtes-vous ?

**VALÉRIE 3,** *avec un cheveu sur la langue.* – Vous ne me reconnaissez pas ? Pourtant, nous nous voyons régulièrement. La dernière fois c'était jeudi, je crois.

**ERNIE.** – Mais non !

**VALÉRIE 3.** – Mercredi alors.

**ERNIE.** – Qui êtes-vous ?

**VALÉRIE 3.** – Valérie !

**ERNIE.** – Quoi ?!

**VALÉRIE 3.** – Pas Valérie Quoi, Valérie tout court.

**ERNIE,** *en aparté.* – Une folle ! C'est une folle !

**VALÉRIE 3,** *s'allongeant sur le canapé.* – Voilà, je suis prête.

**ERNIE.** – Prête à quoi ?

**Valérie 3**. – À notre petit entretien intime.

**Ernie**. – Ça ne va pas ! Voulez-vous sortir de chez moi ?!

**Valérie 3**. – Ah ! non, docteur ! Vous m'avez dit que je pouvais venir quand je voulais.

**Ernie**. – Je ne suis pas docteur.

**Valérie 3**. – Docteur, je ne me sens vraiment pas dans mon assiette aujourd'hui et j'ai besoin d'être réconfortée.

**Ernie**. – Allez vous réconforter chez quelqu'un d'autre ! Et puis sortez de mon canapé !

*Ernie se penche sur Valérie 3 pour la relever sans ménagement quand Marie revient. Elle ne voit pas qui est dans le canapé.*

**Marie**. – La petite a gagné, à ce que je vois.

**Ernie**. – Marie, vous tombez à pic.

**Marie**. – Si vous le dites… Moi, je dirais que je tombe comme un cheveu sur la soupe.

**Ernie**. – J'ai besoin d'aide.

**Marie**. – Qu'est-ce que vous avez encore fait ?

**Ernie**. – Rien !

**Marie**. – Rien, rien… Vous avez une panne de carburateur ? *(Elle s'approche et voit la femme.)* Ah !!! C'est qui ?

**Valérie 3**. – Valérie.

**Marie**. – Hein ? C'est quoi ce cirque ?

**Ernie**. – Aidez-moi à sortir cette femme de chez moi.

**MARIE.** – Oh là là! Vos histoires de conquêtes, je commence à en avoir ras la casquette.

**ERNIE.** – Ce n'est pas une de mes conquêtes!

**MARIE,** *hurlant.* – C'est qui?

**VALÉRIE 3.** – Valérie, une cliente de monsieur.

**MARIE.** – Allongée sur le canapé.

**VALÉRIE 3.** – C'est là que je me libère.

**MARIE.** – Mettez-vous à poil pendant que vous y êtes!

**VALÉRIE 3.** – Non! Je reste toujours habillée.

**MARIE.** – Et une tordue de plus, une!

**ERNIE,** *à Valérie 3.* – Ça suffit! Sortez immédiatement de mon canapé, et de chez moi par la même occasion.

**VALÉRIE 3,** *toujours allongée et pleurnichant.* – Ce n'est pas chic! J'ai de gros ennuis, et vous m'avez toujours aidée, docteur.

**MARIE.** – Mais il n'est pas docteur!

**VALÉRIE 3.** – Si, je viens régulièrement. Aujourd'hui, vous me paraissez plus grand… Il faut dire que le canapé est plus bas car vous avez changé le décor de votre cabinet depuis ma dernière visite.

**MARIE,** *à Ernie.* – Menteur! Menteur! Vous la connaissez, puisqu'elle dit qu'elle est déjà venue!

**ERNIE.** – Comment faut-il que je vous le dise? *(Hurlant en détachant les syllabes.)* Je ne la connais pas!!!

**VALÉRIE 3.** – Si! Vous m'avez même dit que j'étais une cliente très régulière et en or, et que vous m'accorderiez une consultation gratuite n'importe quel jour et sans prendre rendez-vous. Eh bien, c'est aujourd'hui.

**ERNIE**. – Mais nous sommes dimanche !

**VALÉRIE 3**. – Ah bon ? Aucune importance, je suis là, vous êtes là, alors on y va.

**MARIE**. – Vous allez où ?

**VALÉRIE 3**. – Nulle part puisque je suis là.

**ERNIE**. – Je sens que ça va mal aller.

**VALÉRIE 3**. – Ah non ! Ce n'est pas à vous d'être nerveux.

**ERNIE**. – Je serai nerveux si je veux, non mais !

**MARIE**. – Je patauge, mais je patauge !

**ERNIE**, *criant*. – Sortez de l'eau et aidez-moi à me débarrasser de cette dingue !

**MARIE**, *fort*. – Si vous voulez que je vous aide, baissez d'un ton sinon je rends mon tablier.

*Valérie 3 se met à sangloter.*

**ERNIE**. – Qu'est-ce qui lui arrive ?

**MARIE**. – C'est de votre faute, vous hurlez comme un ferrailleur.

**ERNIE**. – Je hurle ? Et vous alors ?

**MARIE**. – Je parle fort, c'est différent. *(Les pleurs de Valérie 3 redoublent.)* Qu'est-ce qui ne va pas ?

**VALÉRIE 3**, *en hoquetant*. – J'ai horreur des disputes, c'est mauvais pour ma déprime.

**MARIE.** – Et une déboulonnée, une! Ça vous arrive souvent?

**VALÉRIE 3.** – Pourquoi croyez-vous que je suis là?

**MARIE.** – Franchement, je n'en sais rien.

**VALÉRIE 3.** – Je suis venue en consultation.

**ERNIE.** – Mais je ne suis pas psychiatre!

**MARIE.** – Ah! merde! Elle s'est trompée d'étage!

**ERNIE.** – Quoi?

**MARIE.** – Ben oui, elle se rendait sûrement chez le déjanté du dessus.

**ERNIE.** – Mais il n'est pas psychiatre!

**MARIE.** – Vous savez, marabout ou psy, il n'y a parfois guère de différence. Tout est dans le pouvoir de persuasion.

**ERNIE**, *à Valérie 3, en la prenant par une main.* – Allez, ma petite dame, on ne fait pas de caprice, on est raisonnable et on change de crèmerie.

**VALÉRIE 3.** – Non, je suis bien ici. Et puis nous n'avons pas commencé.

**ERNIE.** – Mais si! C'est même terminé.

**VALÉRIE 3.** – Je sens que vous voulez vous débarrasser de moi. *(Elle pleure.)*

**MARIE.** – Mais quelle idée!

**ERNIE.** – Une très bonne idée.

**MARIE**, *prenant Ernie en aparté.* – À mon avis, elle fait une crise pas piquée des vers. Avec ces gens-là, il faut y aller avec doigté, sur la pointe des pieds.

**Ernie.** – Et un bon coup aux fesses ce serait peut-être efficace !

**Marie.** – N'y songez même pas !

**Ernie.** – On en fait quoi ?

**Marie.** – Je n'en sais rien.

**Ernie.** – Marie, un petit effort ! *(Marie tend la main.)* Je devrais apprendre à la fermer.

**Marie.** – C'est bien la seule chose qu'un avocat ne sait pas faire.

**Ernie.** – Combien ?

**Marie.** – Cent.

**Ernie,** *s'exécutant.* – Je serai plumé à la fin de la journée.

**Marie.** – Merci. *(Elle hurle.)* Madame Valérie !

**Valérie 3.** – Oui ?

**Marie.** – Vous, dodo !

**Ernie.** – Mais pourquoi appelez-vous Valérie ?

**Valérie 3.** – Oui ?

**Ernie.** – Couchée !

**Marie.** – Comme elle n'a pas l'intention de lâcher le morceau…

**Ernie.** – Quel morceau ?

**Marie.** – Ben vous, tiens ! Je vais m'arranger pour qu'elle nous donne un coup de main.

**Ernie.** – Ouh là là ! Je ne veux pas voir ça. *(Il se retire.)*

**Marie.** – Dégonflé ! *(Puis très fort et en posant une main sur la bouche de Valérie 3.)* Madame Valérie, ça urge !

*Valérie 1 apparaît en robe de chambre vaporeuse. Valérie 3 est toujours allongée dans le canapé, hors de vue de Valérie 1.*

**VALÉRIE 1.** – Que se passe-t-il? La petite traînée a décampé? *(Très vamp.)* Mon chaton est tout à moi.

**MARIE.** – Votre chaton, comme vous dites, est dans la panade jusqu'au cou et, si vous l'aimez vraiment, il va falloir lui donner un coup de main.

**VALÉRIE 1.** – Mon minet a des ennuis? *(Elle s'approche alors du canapé et voit Valérie 3.)* Ah!!!

**VALÉRIE 3,** *restant allongée.* – Bonjour, je suis Valérie et vous êtes bizarrement vêtue pour une assistante.

**VALÉRIE 1.** – Une assistante!

**VALÉRIE 3.** – Ben oui, la nouvelle collaboratrice.

**VALÉRIE 1.** – Qu'est-ce qu'elle raconte? *(Dédaigneuse, elle montre Valérie 3 à Marie.)* C'est quoi ça?

**MARIE.** – Le pépin!

**VALÉRIE 1.** – Mais encore?

**MARIE,** *à part, à Valérie 1.* – Valérie...

**VALÉRIE 1.** – Dites donc, moins de familiarité.

**MARIE.** – Hé! ho! Soyez attentive. Valérie, celle vautrée dans le canapé, est une cliente de Monsieur, une grosse cliente : drogue, prostitution...

**VALÉRIE 1.** – Une prostituée, ça...

**MARIE.** – Ne m'interrompez pas, sinon je vais perdre le fil de mon récit. C'est une histoire compliquée, mais compliquée... *(Un temps. Elle cherche.)* La vie de cette pauvre femme est en danger.

**Valérie 1**. – Alors ?

**Marie**. – Alors… Alors… Alors elle est venue chercher refuge chez Monsieur car… on veut la… couic ! *(Elle mime.)*

**Valérie 1**. – Qu'est-ce que je viens faire là-dedans ?

**Marie**. – Aidez Monsieur. Vous emmenez cette femme dans la chambre à l'abri de tout regard, puis vous essayez de la rassurer.

**Valérie 1**. – Pourquoi ne le faites-vous pas ?

**Marie**. – De nous deux, qui a le plus de délicatesse, de finesse, de doigté, de psychologie ?

**Valérie 1**, *se rengorgeant*. – Moi, évidemment.

**Marie**. – C'est aussi ce que pense Monsieur.

**Valérie 1**. – Je le savais bien qu'il avait une très haute opinion de moi !

**Marie**. – Tu parles Charles ! Allez, agissez, et vite.

**Valérie 1**, *prenant gentiment Valérie 3 par la main et la faisant lever du canapé*. – Venez, ma chère, nous allons rejoindre un endroit plus discret.

**Valérie 3**. – Et je pourrai vous confier tous mes soucis, comme je le fais avec le docteur ?

**Valérie 1**. – Quel docteur ?

**Marie**. – C'est comme ça qu'elle appelle Monsieur, allez savoir pourquoi. J'ai oublié de vous dire qu'elle n'est pas très fute-fute.

**Valérie 1**. – Je ferai avec. *(Elle s'éloigne en tenant toujours Valérie 3 par la main.)*

**MARIE.** – C'est ça. Changez de tenue et ne sortez que si on vous sonne… Ouf! Ma petite Marie, tu as une sacrée imagination. La discussion entre les deux Valérie va être sacrément décousue. Allez, je vais faire mon rapport au patron. *(Elle sort trente secondes puis revient.)* Zut! Il attendra. Je veux savoir ce qu'elles peuvent bien se raconter. *(Elle va coller son oreille contre la porte quand la porte d'entrée s'ouvre. Entrent Noémie vêtue comme une ado, Caroline idem et Sonia en jean et tee-shirt. Marie sursaute.)* Halloween qui débarque! Qui vous a permis d'entrer?

**NOÉMIE.** – Je n'ai pas besoin de permission, j'ai encore la clé.

**MARIE.** – Monsieur est un âne bâté : je lui avais dit de faire changer la serrure.

**CAROLINE.** – Ma fille est encore chez elle; c'est tout de même l'épouse de votre employeur!

**MARIE.** – C'était! Voilà quatre ans qu'ils ont divorcé. Elle n'a pas à mettre les pieds ici sans y être invitée, et vous, alors là, vous encore moins!

**CAROLINE.** – Quand il s'agit des intérêts de ma fille, je réponds toujours présente.

**MARIE.** – Vous devriez surveiller le gigolo : j'ai comme l'impression qu'il les bouffe rapidos les intérêts.

**CAROLINE.** – Un si beau gosse mérite quelques compensations.

**MARIE.** – Ce n'est pas vrai!

**SONIA.** – Qu'est-ce qui n'est pas vrai?

**MARIE.** – Le midi et le minuit se tapent le même petit déjeuner!

**NOÉMIE.** – Vous racontez n'importe quoi!

**CAROLINE**. – On m'explique, je n'ai pas compris.

**SONIA**. – C'était une image. Marie pense que toi et maman partagez le même amant.

**CAROLINE**. – Hein ?... Quoique si j'avais les moyens...

**NOÉMIE**. – Maman, tu n'y penses pas !

**MARIE**. – Si, elle y pense, mais je doute que le jeune homme fasse dans le vieux croûton.

**NOÉMIE**. – Je ne vous permets pas d'insulter maman ! Je vais faire en sorte de vous faire licencier !

**MARIE**. – D'abord, Monsieur ne me virera jamais, je lui suis indispensable. Ensuite, je n'insulte personne, je constate. Je suppose que si vous êtes ici, c'est pour taper Monsieur.

**NOÉMIE**. – Nous venons juste réclamer notre dû.

**MARIE**. – N'importe quoi ! Vous tombez mal, Monsieur s'est absenté.

**SONIA**. – Il était bien présent tout à l'heure.

**MARIE**. – Tout à l'heure, c'était tout à l'heure. Après la petite comédie que vous et votre amie avez jouée, il avait besoin de prendre l'air. C'est aussi ce que je vais faire. Vous brûlez mon oxygène.

**CAROLINE**. – C'est ça, décampez ! On fera comme chez nous.

**MARIE**. – De votre part, je n'en doute pas. *(Elle sort.)*

**NOÉMIE**. – Je me demande si cette fille n'aurait pas des vues sur mon mari, à la façon dont elle se comporte...

**SONIA**, *riant*. – Ton ex, maman, ton ex. Marie n'est pas fille à coucher avec son patron.

**CAROLINE**. – Sonia, pourquoi Marie a-t-elle parlé de comédie ?

**SONIA**. – Oh ! rien ! Une broutille…

**NOÉMIE**. – Sois plus claire.

**SONIA**, *agacée*. – Rien, je te dis !

**CAROLINE**. – Au ton de ta réponse, le rien doit être trop. Alors explique-toi.

**SONIA**. – Ma copine Valérie a tenté de séduire papa pour lui soutirer de l'argent afin de financer notre voyage.

**NOÉMIE**. – Mais elle est folle ! Il pourrait être son père !

**SONIA**. – Tu as bonne mine de dire ça ! Je te signale que ton amant pourrait être ton fils !

**NOÉMIE**. – Moi, c'est différent.

**SONIA**. – Vas-y, explique-moi la différence.

**CAROLINE**. – Arrêtez, toutes les deux. Ce que je voudrais savoir, c'est si ton père a marché.

**SONIA**. – Il a failli courir.

**CAROLINE**. – Pourquoi « failli » ?

**SONIA**. – Parce que je me suis pointée.

**CAROLINE**. – Zut !

**NOÉMIE**. – Maman !

**CAROLINE**. – J'aurais eu une histoire croustillante à raconter à mes copines. Elles adorent !

**SONIA**. – Mamie !

**CAROLINE**. – Ne m'appelle pas comme ça, j'ai l'impression d'avoir un pied dans la tombe, je te l'ai déjà dit.

**SONIA**. – Mais tu es ma grand-mère !

**CAROLINE**. – Et tu en rajoutes !

**SONIA**. – Oh ! ça va ! Ne te fâche pas, Caroline.

**CAROLINE**. – Tu as compris.

**NOÉMIE**. – En attendant Ernie, si on se servait à boire ?

**CAROLINE**. – Bonne idée.

*Elles s'asseyent toutes les trois. Un temps.*

**NOÉMIE**. – Qui fait le service ?

**SONIA**. – Appelons Marie.

**NOÉMIE**. – Ah non ! Cette fille me hérisse. Remplace-la, ma chérie.

**SONIA**. – Hé ! ho ! Je ne suis pas la bonniche !

**CAROLINE**. – Non, mais tu es ici chez toi.

**SONIA**. – Bon, j'y vais. *(Elle se dirige vers le bar.)*

**CAROLINE**. – Pour moi ce sera…

**SONIA**. – Je ne suis pas barmaid ! *(Elle prend trois cannettes de Coca et sert.)*

**NOÉMIE**. – Donne-nous au moins un verre.

**SONIA**. – Et être obligée de faire la plonge ? Non merci. Et puis le Coca se boit à même la cannette.

*Caroline et Noémie s'exécutent de mauvaise grâce.*

**CAROLINE,** *à Noémie.* – Ernie, Ernie… J'ai toujours trouvé ce prénom bizarre.

**NOÉMIE.** – En réalité, il s'appelle René, mais…

**CAROLINE,** *riant.* – René! René Nuphar!

**NOÉMIE.** – Dans sa situation, les quolibets n'auraient pas cessé de fuser; il a donc fait changer son prénom.

**CAROLINE.** – Enfin une histoire à raconter à mes copines! *(On sonne. Personne ne bouge. On sonne à nouveau.)* Sonia, va ouvrir.

**SONIA.** – Comment faut-il le dire? Je ne suis pas la bonne.

*On insiste sur la sonnette, Marie entre.*

**MARIE.** – Si vous décolliez vos fesses, vous auriez pu ouvrir, ça ne vous aurait pas fait une hernie. *(Caroline se met à rire.)* Ça vous fait rire?

**CAROLINE.** – Juste une association d'idées : hernie-Ernie, Ernie-hernie.

**MARIE.** – Complètement ravagée la vioque! *(Sonnette.)* Il faut que je m'y colle, sinon le dingue qui est derrière la porte va nous péter la sonnette. *(Elle ouvre.)* Mon…

**JUSTIN,** *entrant, furieux, en bousculant Marie.* – Ma femme! Où est ma femme?

**MARIE.** – Votre femme?

**JUSTIN.** – Oui, ma femme! Je sais qu'elle est ici.

**CAROLINE.** – Le pauvre, il a perdu sa femme!

**NOÉMIE.** – Serait-elle venue se perdre dans les bras de mon mari?

**JUSTIN.** – Et vous acceptez, avec le sourire, d'être cocue ?

**NOÉMIE.** – Je ne le suis pas, comme vous dites.

**JUSTIN.** – Ma femme me trompe avec votre mari et ça vous laisse de glace ?

**NOÉMIE.** – Ex. Mon ex.

**JUSTIN.** – Votre ex quoi ?

**SONIA.** – Mon père…

**JUSTIN.** – Qu'est-ce que votre père vient faire là-dedans ?

**SONIA.** – Son ex-mari.

**MARIE,** *face au public.* – Ça se complique !

**CAROLINE,** *s'approchant de Justin en minaudant.* – Qu'est-ce qu'une femme ? À notre époque, tout est interchangeable. Un bel homme comme vous peut sans problème trouver une autre chaussure à son pied. Je suis candidate.

**MARIE, SONIA et JUSTIN.** – Quoi ?

**JUSTIN.** – Hé, l'ancêtre, vous vous êtes regardée ? Vêtue comme une groupie, même de dos vous ne pourriez faire illusion. Et de face, on voit que vous vous êtes ruinée en Botox et coups de bistouri. Le briseur de ménages qui habite ici a au moins l'excuse d'avoir une mère qui ne lui a pas donné le bon exemple.

**MARIE.** – Cette femme n'est pas la mère de M. Nuphar, heureusement.

**JUSTIN.** – Qui est-elle alors ?

**SONIA.** – C'est ma grand-mère.

**JUSTIN.** – Si c'est votre grand-mère, c'est donc bien la mère de ce salaud.

**SONIA.** – Non, c'est…

**MARIE.** – Stop! *(Le doigt sur la poitrine de Justin.)* Vous, vous commencez à me les briser menu. Vous entrez ici en faisant un tintouin pas possible, en omettant de vous présenter. Alors avant que je ne perde patience : qui êtes-vous ?

**JUSTIN.** – Justin Laverie, et je viens chercher ma femme Éléonore.

**SONIA.** – Éléonore !

**MARIE.** – Vous nous auriez dit Valérie, on aurait compris, j'avais une bonne réserve, mais Éléonore, ça ne nous dit rien, mais alors rien du tout.

**JUSTIN.** – C'est ça, menez-moi en bateau avec une fantomatique Valérie ! Je sais qu'Éléonore est ici, le privé me l'a affirmé.

**CAROLINE.** – Quel tact !

**JUSTIN.** – Je voulais la preuve de son infidélité.

**NOÉMIE.** – La prendre en flagrant délit d'adultère…

**CAROLINE.** – Si vous voulez un bon avocat, mon gendre est excellent… Sa seule qualité, d'ailleurs.

**NOÉMIE.** – Ce n'est pas possible puisqu'il est l'amant de sa femme.

**MARIE.** – Votre ex est l'amant de Valérie, pas d'Éléonore.

**CAROLINE.** – Ernie nous donnera peut-être une commission pour lui avoir rabattu un nouveau client. *(Se tapotant le visage.)* J'aurais besoin d'une petite retouche.

**SONIA.** – Ça m'étonnerait, ce n'est pas son jour de générosité.

**MARIE.** – Ça dépend avec qui.

**NOÉMIE.** – Il l'a été avec vous.

**MARIE.** – Je ne suis pas trop gourmande, moi. Mais petit à petit…

**CAROLINE.** – Alors on a une chance de…

**JUSTIN.** – Je me fous de vos histoires, je veux Éléonore !

**CAROLINE.** – Vous voulez bien divorcer ?

**JUSTIN.** – Mais non !

**CAROLINE.** – C'est elle qui a le pognon !

**JUSTIN,** *à Caroline, menaçant.* – Vous allez la fermer, la caqueteuse !

**CAROLINE.** – C'est vrai, quoi ! Quand un cocu veut garder sa femme, c'est que celle-ci a le portefeuille bien rempli.

**JUSTIN.** – Faites-la taire ou je l'étrangle !

**MARIE.** – Chiche !

**SONIA.** – Caroline, mets-la en veilleuse.

**CAROLINE.** – Oui, mais…

**MARIE.** – Sonia, emmenez votre grand-mère voir ailleurs si nous y sommes. Avec elle dans les pattes, nous risquons d'y passer la journée.

**CAROLINE.** – Ah non ! Je reste ! Je m'amuse follement !

**MARIE.** – On ne vous demande pas votre avis. Décampez, et vite !

**CAROLINE.** – Une bonniche qui donne des ordres, c'est le monde à l'envers !

**SONIA.** – Ne fais pas ta mauvaise tête.

**CAROLINE.** – Ça va, ça va. Tu viens, Noémie ?

**NOÉMIE.** – Non, pas question que je bouge d'ici sans avoir vu Ernie.

*Caroline et Sonia sortent.*

**JUSTIN.** – Moi aussi, pour lui foutre mon poing dans la gueule.

**MARIE.** – Pas possible ! Premièrement, monsieur est absent. Deuxièmement... *(Criant.)*... votre femme n'est pas sa maîtresse !

**JUSTIN.** – Prouvez-le-moi.

**MARIE.** – Rien de plus facile. Mais d'abord, calmez-vous et asseyez-vous. Je vous sers un verre pour vous détendre.

**JUSTIN,** *s'asseyant, la porte de chambre se trouvant dans son dos.* – Non !!!

**MARIE.** – Comme vous voulez. *(Puis hurlant.)* Valérie ! Valérie !

**NOÉMIE.** – Pourquoi hurlez-vous ainsi ?

**MARIE.** – Ben tiens, j'appelle la maîtresse de Monsieur !

**NOÉMIE.** – Parce qu'elle est ici ?

**MARIE.** – Oui. Je n'appelle pas le pape, vous êtes gourde !

**NOÉMIE.** – Vous auriez pu aller la chercher discrètement.

**MARIE.** – La discrétion, on s'en tamponne. *(Hurlant.)* Alors, Valérie, vous rappliquez ?

*Valérie 1 et 3 sortent de la chambre.*

**VALÉRIE 1,** *reconnaissant l'homme assis.* – Merde ! *(Elle pousse Valérie 3 devant elle et se referme dans la chambre.)*

**JUSTIN.** – Qu'avez-vous dit ?

**MARIE.** – Moi, rien, c'est Valérie. *(En aparté.)* Y a un problème, c'est sûr, y a un blème. *(Allant vers Valérie 3 et avec délicatesse.)* Venez, Valérie, approchez.

**Noémie.** – Quel changement ! Vous voilà bien servile, tout à coup.

**Marie.** – Pas de commentaires. *(Prenant Valérie 3 par la main.)* J'ai quelqu'un à vous présenter.

*Pendant ce temps, Justin gigote sur son siège en faisant un effort pour ne pas se retourner.*

**Valérie 3.** – Un confrère du docteur ?

**Marie.** – Peut-être un concurrent. Monsieur Laverie, je vous présente Valérie.

**Valérie 3**, *se jetant dans les bras de Justin.* – Chéri ! Mon chéri ! Comme c'est gentil d'être venu me rejoindre !

**Marie.** – Alors là ! Alors là ! Moi, je n'y comprends plus rien.

**Noémie.** – C'est Éléonore !

**Justin**, *essayant de se défaire de l'étreinte de Valérie 3.* – Qui est cette femme ?

**Marie.** – Vous devez le savoir. Moi, je sais plus qui est qui.

**Justin.** – Ce n'est pas Éléonore.

**Valérie 3.** – Mais si, je suis Éléonore !

**Justin.** – Vous n'êtes pas ma femme.

**Valérie 3**, *pleurnichant.* – Si, je suis ta femme !

**Justin.** – Non, non et non !

**Valérie 3**, *pleurant.* – Justin, mon chéri, tu as honte de moi ?

**Justin.** – Comment savez-vous mon nom ?

**Noémie.** – Normal, vous êtes son mari.

**Justin,** *hurlant.* – Comment faut-il vous le dire ? Je ne connais pas cette hystérique !

**Marie.** – Chut ! Doucement, ne hurlez pas, elle est fragile… enfin, je crois.

**Justin.** – Vous, alors vous, je vous retiens ! Vous me présentez Valérie la maîtresse de votre patron qui dit s'appeler Éléonore et qui prétend être ma femme mais qui n'est pas ma femme !

**Marie.** – Je sens que mes neurones fument. Je vais chercher Monsieur, il vous dira comme moi, j'espère.

**Noémie.** – Vous m'avez dit qu'il était absent.

**Marie,** *fort.* – Pour vous, pas pour moi.

*Elle sort et les pleurs de Valérie 3 redoublent.*

**Noémie.** – Voilà les grandes eaux ! *(À Justin.)* Vous pourriez consoler votre épouse.

**Justin,** *hurlant.* – Ce n'est pas mon épouse !!!

**Noémie.** – Cessez de hurler !

*Marie revient en poussant Ernie devant elle.*

**Marie.** – Ouste ! Au boulot ! C'est à vous de me donner un coup de main.

**Noémie.** – L'esquiveur est de retour, je vais enfin pouvoir régler mon petit problème.

**Justin.** – Pas question ! Je suis prioritaire. Alors, c'est vous l'amant de ma femme ?

**Ernie.** – Hein ?

**Valérie 3.** – Je t'assure que ce monsieur n'est pas mon amant.

**Justin.** – Vous n'êtes pas ma femme.

**Ernie.** – Du calme ! Je ne suis pas l'amant de Madame ici présente.

**Justin.** – Naturellement, ce n'est pas Éléonore.

**Ernie.** – Vous vous égarez. Mon amie se prénomme Valérie.

**Justin.** – Alors vous êtes bien l'amant de Madame que votre bonne m'a présentée comme étant Valérie, ladite Valérie disant s'appeler Éléonore, prétendant être ma femme, qui ne l'est pas mais qui est votre maîtresse.

**Ernie.** – J'ai rien compris.

**Marie,** *à Justin.* – Y en a marre de votre histoire de cocufiage où on pige rien ! Allez chercher votre femme ailleurs ou emmenez celle qu'on vous propose, mais fichez le camp d'ici ! Allez, ouste ! Du balai ! Dehors !!!

**Justin.** – Très bien, je m'en vais, mais je n'ai pas dit mon dernier mot. *(Il sort.)*

**Valérie 3.** – Et moi ? Je suis sa femme, moi.

**Noémie.** – Suivez-le ! *(Elle pousse Valérie 3 dehors.)* Nous voilà débarrassés de ces importuns. À nous deux, mon cher ex. Mes deux mille euros ?

**Ernie.** – Demande-les à ton gigolo. Le chèque que je t'ai fait parvenir a été retiré de mon compte il y a deux jours. Ne compte pas sur moi pour entretenir ton petit parasite.

**Marie.** – La chair fraîche, ça coûte un max.

**Noémie.** – Oh ! vous, taisez-vous !

**Marie.** – Jamais ! Allez vous expliquer avec votre jules, il vous doit deux mille euros de tendresse.

**NOÉMIE.** – Vous dépassez les bornes.

**ERNIE.** – Marie a raison : rentre chez toi gentiment, sauf si tu veux m'offrir le plaisir de te jeter dehors.

*Noémie sort en pestant.*

**MARIE.** – Un peu de calme, enfin ! Je vais nous préparer un petit en-cas. Je ne sais pas si c'est à cause de toutes ces histoires, j'ai une de ces fringales ! Pas vous ?

**ERNIE.** – Un verre me suffira. *(Marie le sert.)* On va enfin être tranquille pour le reste de la journée.

**MARIE.** – Pas sûr !

**ERNIE.** – Une de vos intuitions, sans doute.

**MARIE.** – Eh oui ! *(Elle sort.)*

**ERNIE.** – Mon dieu, faites qu'elle ait tort ! *(Il s'assied et sirote son verre.)*

# ACTE III

*Marie réapparaît en mangeant un sandwich.*

**MARIE,** *parlant la bouche pleine.* – Che que chechuis gourde, mais gourde !

**ERNIE.** – Ne parlez pas la bouche pleine, je ne comprends rien.

**MARIE,** *après avoir pris le temps de finir sa bouchée.* – Je dis que je suis la reine des gourdes.

**ERNIE.** – Heureux que ce soit vous qui le disiez ! Pourquoi cela ?

**MARIE,** *à tue-tête.* – Valérie, ramenez vos fesses !

**ERNIE.** – Merde ! Je l'avais oubliée.

**MARIE.** – Pas moi.

**ERNIE.** – Vous pourriez être polie !

**MARIE.** – Quand j'ai l'estomac vide, mes petites cellules tournent au ralenti.

**ERNIE.** – Je ne vois pas le rapport.

**MARIE.** – Moi si. Je ne suis pas encore à cent pour cent, mais je sens que ça vient. *(Sonnette.)* Mais qui ça peut bien être encore ?

**ERNIE**. – Qu'attendez-vous pour aller ouvrir ?

**MARIE**, *en direction de la porte*. – Entrez, c'est ouvert. *(Un homme pointe timidement le nez. Il porte des lunettes, et a une allure très effacée.)* Ne restez pas devant la porte…

**LUCAS**, *entrant, s'exprimant avec un léger bégaiement*. – Bonjour ! Madame et monsieur Nuphar ?

**MARIE**. – Surtout pas ! M. Nuphar et sa bonne.

**LUCAS**. – Oh ! excusez-moi !

**MARIE**. – Si vous quêtez pour de bonnes œuvres, ce n'est pas le jour : Monsieur est à sec.

**ERNIE**. – Vous exagérez toujours, Marie. Je veux bien donner une obole… si la requête est correcte, bien sûr.

**LUCAS**. – Non, non, vous vous méprenez, je ne suis pas un quémandeur, je viens récupérer ma femme.

**MARIE**. – Mais qu'est-ce qu'ils ont tous à perdre leurs bonnes femmes ? *(À Ernie, en riant.)* Vous êtes mal barré ! Va vous falloir un bon avocat !

**LUCAS**. – N'êtes-vous pas avocat vous-même ?

**MARIE**. – Il l'est. Vous ne le savez sans doute pas, mais il est très difficile de défendre sa propre cause.

**LUCAS**. – Je ne comprends pas.

**MARIE**, *à Ernie*. – Vous avez un de ces pots ! Il n'est pas jaloux.

**LUCAS**. – Je n'ai aucune raison de l'être.

**ERNIE**. – Comment se nomme votre épouse ?

**LUCAS.** – Valérie. Valérie Grandpier.

**MARIE.** – Comme Berthe. *(Regard des deux hommes.)* Faut suivre : Berthe au Grand Pied.

**LUCAS.** – Ce n'est pas gentil de se moquer.

**MARIE.** – Plus fort que moi. *(À la cantonade.)* Valérie, vous êtes sourde ? Rappliquez, et plus vite que ça !

> *Valérie 1 apparaît toujours en déshabillé et se précipite sur Ernie.*

**VALÉRIE 1.** – Ernie, mon chéri ! *(Avisant Lucas, elle se reprend.)* Monsieur.

**ERNIE.** – Comment ça, « monsieur » ? C'est ton mari !

**VALÉRIE 1**, *dédaigneuse.* – Ça, mon mari ? Tu déraisonnes !

**MARIE.** – Et c'est reparti ! *(À Lucas.)* C'est votre épouse ?

**LUCAS**, *imitant Valérie 1.* – Ça, sûrement pas.

**ERNIE.** – Vous venez bien récupérer votre femme Valérie ? C'est la seule qui me reste, on est en rupture de stock.

**LUCAS.** – Je n'en veux pas, ce n'est pas la mienne.

**MARIE.** – Attendez, attendez une minute… Je sens que je suis à plein régime…

**VALÉRIE 1**, *à Ernie.* – Vous devriez songer à congédier votre bonne.

**ERNIE.** – J'ai toute confiance dans son génie. Allez-y, Marie.

**MARIE.** – Monsieur est trop bon. *(À Valérie 1.)* Expliquez-moi pourquoi, lorsqu'il y avait M. Laverie, avez-vous poussé l'autre Valérie devant vous, avez crié « merde » et avez disparu dans la chambre ?

**Valérie 1**. – Je n'ai rien fait de tout ça. Vous affabulez, ma fille.

**Marie**. – Arrêtez de m'appeler « ma fille », ça a le don de me foutre en rogne !

**Ernie**. – Du calme ! Où vouliez-vous en venir ?

**Marie**. – Connaissez-vous le nom de famille de ce volcan ?

**Valérie 1**. – Vous n'allez pas remettre ça !

**Marie**. – Taisez-vous ! C'est à Monsieur que je parle. *(À Ernie.)* Alors ?

**Ernie**. – Disons que je ne m'en suis jamais soucié. Valérie étant une femme mariée, j'ai fait preuve de discrétion et ne lui ai jamais posé de question. Notre relation ne devait être qu'épisodique.

**Marie**. – Comme les autres.

**Valérie 1**. – Menteur ! Hypocrite ! Goujat ! Sale mufle !

**Lucas**. – J'ai assez de problèmes sans avoir à participer à ceux des autres ; alors, si on en revenait à ma femme ?

**Marie**. – On y vient. *(À Valérie 1.)* Quel est votre vrai prénom ?

**Valérie 1**. – Mais Valérie, c'est évident !

**Marie**. – Bouffonne ! Vous vous appelez Éléonore.

**Ernie**. – Ce serait alors la femme de l'excité de tout à l'heure ?

**Marie**. – Tout juste Auguste. Réfléchissez deux minutes et tout est clair.

**Lucas**. – Moi, j'ai trouvé : Valérie est l'anagramme de Laverie avec l'accent en plus.

**Marie**. – C'est qu'il est futé le deux de tension !

**ERNIE.** – Mais enfin, Valérie… heu… Éléonore… pourquoi ce subterfuge?

**VALÉRIE 1.** – C'est très simple. Je connais bien les hommes, ils sont prompts à se vanter de leurs conquêtes. Éléonore n'étant pas un prénom courant, je craignais que si vous veniez à le révéler, cela porte préjudice à mon mari.

**MARIE.** – Pour être tordue, vous êtes tordue! Vous ne voulez pas nuire à votre mari, mais vous lui faites porter des cornes tellement grandes qu'il ne passera plus les portes. Pourquoi?

**ÉLÉONORE.** – La monotonie, le train-train quotidien. Pour pimenter la vie.

**MARIE.** – Et une de plus sur la liste! Et une!

**ERNIE.** – Marie…

**LUCAS.** – Je ne vois toujours pas le rapport avec ma femme.

**ERNIE.** – On y arrive.

**MARIE.** – Ah! enfin vous pigez! Expliquez-lui, mais ne vous laissez pas emporter par vos envolées théâtrales d'avocat.

**ERNIE.** – J'étais tranquillement en train de siroter un verre pour me remettre de l'assaut intempestif d'une demoiselle, lorsqu'une dame du nom de Valérie s'est présentée chez moi en me prenant pour un docteur. Ne comprenant pas très bien son insistance à vouloir…

**MARIE.** – C'est parti! Nous ne pouvions la mettre dehors dans son état. Nous l'avons confiée à Éléonore. Puis elle est repartie avec le mari de Madame.

**LUCAS.** – Mon dieu! *(À Éléonore.)* Que lui avez-vous dit?

**ÉLÉONORE.** – Des banalités.

**Lucas**, *s'énervant.* – Soyez précise !

**Éléonore**. – Difficile de converser avec elle. Alors je lui ai raconté ma vie.

**Lucas**. – Vous avez fait quoi ?

**Éléonore**. – En fine psychologue, et pour la détourner de ses pensées, je lui ai raconté ma vraie vie, mon mari, mon désœuvrement, mes amants. Rassure-toi, Ernie, je ne lui ai pas parlé de toi.

**Ernie**, *caustique.* – Quelle délicate attention !

**Éléonore**. – Le plus drôle c'est qu'elle était très calme, très attentive à mon récit, elle buvait littéralement mes paroles.

**Lucas**. – Catastrophe ! C'est une catastrophe ! Vous ne pouviez pas la fermer, non ?

**Ernie**. – Ce n'est tout de même pas de sa faute si votre femme n'a pas la lumière à tous les étages !

**Lucas**. – Elle n'est pas folle ! Elle est même très intelligente. Nous sommes tous deux des informaticiens très prisés.

**Marie**. – Peut-être, mais la femme que nous avons vue était… *(Regard noir de Lucas.)…* très fatiguée. De quoi souffre-t-elle si elle n'est pas…

**Lucas**. – Et vous vous vantez d'avoir l'esprit prompt à la déduction ? Vous n'avez pas pigé ? C'est pourtant évident ! Elle souffre d'un transfert de personnalité.

**Ernie**. – Je suis avocat, pas médecin. Expliquez-nous en quoi cela consiste exactement.

**Lucas**. – Quand elle est en pleine crise, elle s'identifie à la personne avec qui elle converse.

**MARIE.** – La poisse! Valérie-Éléonore; Éléonore-Valérie. Elle se prend pour Éléonore. Avec une femme comme elle, vous êtes vacciné contre la monotonie!

**ERNIE.** – Je doute que Monsieur apprécie votre humour. Ses crises sont fréquentes?

**LUCAS.** – Non, heureusement.

**MARIE.** – Et vlan! c'est nous qui avons pris celle-ci en pleine poire. Ça dure longtemps?

**LUCAS.** – Ça dépend…

**MARIE.** – … du temps, s'il y a du vent…

**ERNIE.** – Marie!

**LUCAS.** – Entre dix minutes et une heure. Elle revient toujours à l'endroit où la crise s'est déclenchée.

**MARIE.** – Ça va être encore pour notre pomme. Il y a une demi-heure qu'elle est partie avec Laverie, elle ne va pas tarder à rappliquer.

**ÉLÉONORE.** – Juste une question qui a échappé à Marie la futée : comment se fait-il que vous ayez débarqué chez M. Nuphar?

**LUCAS.** – Je fais suivre ma femme.

**MARIE.** – Vous aussi? C'est une maladie!

**LUCAS.** – Mon épouse pressant les crises, j'engage à ce moment-là une personne qui surveille ses faits et gestes. Aujourd'hui, sa consultation avec le charlatan du dessus s'éternisant, je me suis inquiété et…

**MARIE.** – Et alors, et alors… *(Air de Zorro.)*

**ÉLÉONORE.** – La ferme, Marie!

**MARIE**. – C'était pour détendre l'atmosphère.

**LUCAS**. – Je suis venu la récupérer. Le marabout était bien avec une femme, mais pas la mienne.

**MARIE**. – C'est long, mais c'est long !

**LUCAS**. – Le détective m'ayant dit qu'elle n'était pas sortie de l'immeuble et, comme vous n'êtes que deux à l'habiter, j'en ai déduit qu'elle ne pouvait qu'être chez vous.

**ERNIE**. – Logique !

**MARIE**, *énervée*. – Vous trouvez ? *(À Lucas.)* Vous êtes bien sûr que votre femme ne souffre QUE de transfert de personnalité ? Parce que se pointer chez quelqu'un qu'elle ne connaît pas, le prendre pour un toubib, confier sa vie à un marabout, il faut vraiment avoir un grain ; et je suis correcte.

**LUCAS**. – Je vous ai dit que ses crises étaient toujours précédées de prémices.

**MARIE**. – Ouais ! *(Sonnette.)* Je vous parie que c'est la fo… la dame dérangée qui rapplique. Je vais regarder par le judas, il s'agit de se préparer au pire. *(Elle regarde par le judas.)* Oh ! merde, merde, merde ! *(Elle s'appuie à la porte.)*

**ÉLÉONORE**. – Cette succession de vulgarité vous rend de plus en plus insupportable.

**MARIE**. – Vous, c'est depuis le premier jour que je ne peux pas vous blairer. À la première occasion, je vous réserve un chien de ma chienne.

**ERNIE**. – L'heure n'est pas au règlement de compte. Que se passe-t-il ?

**MARIE.** – Il y a là, derrière la porte, la femme de Monsieur. *(Elle montre Lucas.)*

**ÉLÉONORE.** – Vous parlez d'un scoop ! On s'y attendait.

**MARIE,** *sourire en coin.* – Puis le mari de Madame.

**ERNIE.** – Merde !

**MARIE.** – Je ne vous le fais pas dire.

**ERNIE.** – Valérie-Éléonore, monte dans la chambre et habille-toi !

**MARIE.** – Et le top : derrière eux, il y a Valérie.

**ERNIE.** – Qui ?

**ÉLÉONORE.** – Valérie la deuxième ? La petite traînée ?

**MARIE.** – Oui. Vous êtes encore là ? Bougez-vous ! *(Elle la pousse en direction de la chambre.)*

**ERNIE.** – Qu'est-ce que je vais faire ? Mais qu'est-ce que je vais faire ?

**LUCAS.** – Dépêchez-vous d'ouvrir, que je serre ma chérie dans mes bras !

**MARIE.** – Vous, vous nous avez assez soûlés avec votre histoire ! Vous vous asseyez et vous la fermez !

*On tambourine à la porte.*

**LUCAS.** – Entrez, c'est… *(Il ne peut poursuivre, Marie lui assène un coup de poing qui lui ferme le bec.)*

**ERNIE.** – Vous y êtes peut-être allée un peu fort.

**MARIE.** – Pfft ! Une pichenette. Je vais pouvoir réfléchir tranquille.

**ERNIE**. – Vite, ils s'impatientent. *(Marie fait les cent pas en réfléchissant, suivie pas à pas par Ernie.)* Alors…

*Marie continue son manège, puis…*

**MARIE**. – J'ai trouvé! Mais il y a un prix à payer.

**ERNIE**, *soupirant*. – Combien? *(Marie signe deux avec les doigts.)* Deux cents euros? Bon, d'accord.

**MARIE**. – Deux… mille.

**ERNIE**. – Ah non! Là vous exagérez!

**MARIE**. – C'est ça ou vous vous retrouvez avec une belle paire de lunettes noires. Le Laverie ce n'est pas un tout mou comme le Grandpier, et mille euros pour chaque œil ce n'est pas cher payé pour ce que je vais faire.

**ERNIE**. – Quand même, deux mille euros!

**MARIE**. – Les deux yeux ou les deux mille euros… Je vais ouvrir.

**ERNIE**. – D'accord.

*Marie ouvre et entrent Valérie 3, Justin et Valérie 2.*

**MARIE**. – Mesdames, monsieur, que pouvons-nous pour vous?

**VALÉRIE 3**, *ébahie*. – Je ne sais plus très bien.

**JUSTIN**. – Ma femme!

**VALÉRIE 2**. – Cent euros.

**ERNIE**. – Ce n'est pas un champ de foire. L'un après l'autre, s'il vous plaît.

**JUSTIN**, *écartant les deux femmes*. – Moi d'abord. Rendez-moi ma femme ou je vous mets la tête au carré!

**Marie**, *riant face au public*. – J'aurais dû demander quatre mille!

**Ernie**. – La violence ne résout jamais rien, puis…

**Marie**, *s'interposant entre Ernie et Justin*. – Avez-vous une preuve de l'infidélité de votre femme?

**Justin**. – Le rapport du détective est assez clair.

**Ernie**. – Ça ne prouve rien. Vous avez des photos, quelque chose de tangible?

**Justin**. – Non, mais mon épouse entre dans cet immeuble une ou deux fois par semaine, et vous n'êtes que deux propriétaires.

**Ernie**. – Oui, mais…

**Justin**. – Ne me prenez pas pour un imbécile. Elle n'est pas chez le zigoto du dessus, j'ai vérifié.

**Ernie**. – Pourtant, Éléonore n'est pas ici.

**Lucas**, *sortant des vapes*. – Oh si! Oh si! Elle est là, je l'ai vue!

*Entendant son mari parler, Valérie 3 se précipite dans ses bras.*

**Marie**. – J'aurais dû cogner plus fort, je me ramollis.

**Justin**, *se jetant sur Ernie*. – Je le savais! Je le savais! Salaud! Où la cachez-vous?

**Marie**, *à Justin*. – Calmez-vous ou je vous en colle une à vous aussi. Non mais! Éléonore! Éléonore! *(À Ernie.)* Je sens qu'il ne va pas être content, et elle, alors elle…

**Ernie**. – Content? Mais il est déjà furieux!

**Marie**, *fort*. – Alors, Éléonore, tu te bouges, oui?

**JUSTIN**. – Vous tutoyez ma femme ?

**MARIE**. – Ne soyez pas bégueule.

*Éléonore entre timidement.*

**ÉLÉONORE**. – Écoute-moi, Justin…

**JUSTIN**. – Il n'y a rien à écouter. Je supporte tes excentricités de toutes sortes. Là, c'est trop.

**MARIE**. – Lorsqu'une femme s'ennuie…

**JUSTIN**, *hurlant*. – Et pour s'occuper, elle me fait cocu !

**MARIE**. – C'est un bien grand mot pour si peu de choses.

**JUSTIN**. – Vous avez de la chance d'être une femme.

**MARIE**. – Vous, ne frappez pas la gent féminine.

**JUSTIN**. – Je ne m'abaisserai jamais à un acte aussi vil.

**MARIE**. – Ouf !

**JUSTIN**. – Vous pensiez que je corrigerais Éléonore ?

**MARIE**. – Oh ! elle, je m'en fiche ! C'est à moi que je pensais.

**ERNIE**. – Alors là, je ne pige pas.

**JUSTIN**. – Moi non plus.

**MARIE**. – Voyez-vous, j'ai un aveu à vous faire, et je ne sais pas comment m'y prendre.

**JUSTIN**. – Dites : ça ne peut pas être pire que ce que je sais déjà.

**MARIE**. – La vérité, c'est qu'Éléonore me rend souvent visite.

**JUSTIN**. – Vous êtes devenue l'amie de la maîtresse de votre patron ? On aura tout vu !

**MARIE.** – Ce n'est pas exactement ça…

**VALÉRIE 2.** – Yahou ! *(Elle danse.)* J'ai compris ! J'ai compris !

**JUSTIN.** – Il n'y a rien à comprendre.

**VALÉRIE 2.** – Oh si ! Oh si ! Tralalalalère !

**ERNIE.** – Arrêtez de faire le singe !

**VALÉRIE 2.** – Éléonore est… est… la maîtresse de…

**JUSTIN.** – … Nuphar.

**VALÉRIE 2.** – … de Marie !

**JUSTIN et ERNIE.** – Quoi ?!

**ÉLÉONORE.** – Non ! *(Et elle s'effondre.)*

**JUSTIN.** – Ce n'est pas possible ! Pourquoi ?

**MARIE.** – Pour pimenter sa vie, mais ce n'est pas vraiment son truc. *(Joyeuse.)* Bon, vous avez retrouvé votre femme, alors vous vous la collez sous le bras et vous rentrez chez vous.

**ÉLÉONORE,** *émergeant.* – J'aimerais dire quelque chose.

**MARIE.** – Tu la fermes. Notre relation s'arrête là, tu rentres avec ton mari et basta. Allez, allez, dehors, on a encore des clients qui poireautent. *(Justin et Éléonore sortent. Puis, dans l'entrebâillement de la porte.)* Éléonore, tu te souviens du petit chien ? *(À Ernie.)* Je pense que nous ne sommes pas près de la revoir. Bon débarras ! Vous voilà blanc comme neige. Ça les valait pas, les deux mille euros ?

**ERNIE.** – J'avoue que oui, mais la prochaine fois que vous inventerez une histoire comme celle-ci, prévenez-moi. J'ai failli faire une syncope.

**MARIE.** – C'est pas moi qui vous aurais fait le bouche-à-bouche !

**ERNIE**, *montrant Valérie 3, Valérie 2 et Lucas.* – Qu'est-ce qu'on fait pour eux trois ?

**MARIE.** – Débrouillez-vous avec la petite Valérie, il faut que je recharge les batteries.

**ERNIE.** – O.K. *(À Valérie 2.)* Que voulez-vous ?

**VALÉRIE 2.** – Mille euros.

**ERNIE.** – Rien que ça ! Vous n'y allez pas avec le dos de la cuillère. Et sans rien en échange ?

**VALÉRIE 2.** – Oh ! pas pour rien ! Si vous ne me filez pas du blé, je raconte à tout le monde que vous couchez avec moi.

**ERNIE.** – Je vous en prie, faites, cela ne fera que redorer mon blason de séducteur auprès de ces dames.

**MARIE.** – N'en faites pas trop, Casanova au rabais.

**VALÉRIE 2.** – Alors, Marie, c'est vous que je vais taxer de mille euros.

**MARIE.** – Aucune chance, ma poulette ! Quand l'argent est dans mon portefeuille, je ne le sors que pour de bonnes raisons.

**VALÉRIE 2.** – J'ai une bonne raison : j'ai compris que vous aviez soutiré deux mille euros à votre patron, alors j'en veux la moitié, sinon je dirai à tout le monde que vous êtes lesbienne.

**MARIE.** – Je m'en fous.

**VALÉRIE 2**, *insistant.* – Ça ternira votre réputation.

**MARIE.** – Je m'en tamponne.

**VALÉRIE 2**, *pleurnicharde.* – J'ai besoin de cet argent.

**MARIE.** – Vous n'avez qu'à bosser.

**VALÉRIE 2.** – Non, c'est fatigant.

**ERNIE.** – Trouvez-vous un autre sponsor. Un vieux, par exemple.

**VALÉRIE 2.** – Pourquoi pas vous ? Ou le petit binoclard, là. À voir sa tronche, il ne doit pas se marrer souvent.

**VALÉRIE 3**, *réagissant.* – Le petit binoclard n'a pas besoin d'une dinde sur canapé.

**MARIE.** – Bravo ! Moi, je lui aurais donné un autre nom d'oiseau.

**LUCAS.** – Surtout que moi, le plumage, je m'en balance.

**VALÉRIE 2.** – J'aurais dû m'en douter avec la greluche que vous trimbalez.

*Lucas va pour répliquer, mais Ernie intervient.*

**ERNIE**, *prenant Valérie 2 par le bras.* – Ouste ! Du vent ! Dehors ! *(Il lui fait franchir la porte sans ménagement.)* Que je ne vous revoie plus ! *(S'adressant à Valérie 3.)* À vous maintenant, et qu'on en finisse. Pourquoi êtes-vous revenue ici, chez moi ?

**VALÉRIE 3.** – Je suivais M. Laverie dans la rue quand dans ma tête j'ai entendu un « clic » !

**MARIE.** – Pas « toc-toc » ? *(Elle mime.)*

**LUCAS.** – Ne vous moquez pas, ce n'est pas drôle.

**MARIE.** – Et le petit « clic » vous a dit de revenir ici.

**VALÉRIE 3.** – Oui.

**MARIE.** – Un vrai radar cette bonne femme ! Elle atterrit ici sans savoir comment, elle s'en va et elle revient sans savoir pourquoi.

**ERNIE**. – La crise est-elle passée ?

**VALÉRIE 3**. – Complètement. Quand j'ai vu Éléonore et mon pauvre Lucas endormi…

**MARIE**. – Sonné, oui !

**VALÉRIE 3**. – … endormi sur le canapé, tout a repris sa place.

**ERNIE**. – Vous êtes sûre qu'il n'y a plus un rouage qui grippe ?

**LUCAS**. – Vous n'allez pas vous y mettre ! C'est assez pénible sans que vous en rajoutiez.

**MARIE**. – Écoutez-moi, le petit informaticien bigleux et ramolli : au lieu de faire surveiller votre femme, vous feriez mieux de la comprendre.

**LUCAS**. – Mais nous nous comprenons très bien, nous sommes toujours en parfaite symbiose.

**MARIE**. – N'importe quoi ! *(Très en colère.)* Tu es, je n'en doute pas, un génie du clavier, mais tu n'as pas compris que si ta femme s'identifie aux autres c'est que son subconscient aspire à une autre vie ? Ça ne t'est jamais venu à l'esprit, non ?

**ERNIE**. – Décidément, Marie, vous m'épatez. *(À Lucas.)* Elle a raison : cessez de vivre par écran interposé.

**LUCAS**. – Ce n'est pas possible, c'est notre métier.

**MARIE**. – T'es bouché ? On ne te dit pas de plaquer ton boulot !

**VALÉRIE 3**. – J'ai compris : mettre un peu de fantaisie dans nos vies, comme chez vous.

**LUCAS**. – Oh non ! Trop compliqué.

**MARIE**. – Je ne vous donne pas tort. Je ne sais pas, moi, prenez des vacances, faites l'amour, des enfants…

**Lucas.** – C'est vrai, on n'y a jamais pensé.

**Marie.** – À faire l'amour?

**Valérie 3.** – Non, aux enfants!

**Marie.** – Ouf! Je n'aurais pas pu vous aider.

**Lucas.** – Normal, puisque vous êtes lesbienne.

**Marie.** – Aidez les gens, en remerciement ils vous insultent…

**Ernie.** – Avant que ça ne dégénère, Lucas, vous allez prendre votre femme par la main et rentrer chez vous.

**Lucas.** – Vous nous congédiez?

**Ernie.** – Oui!

**Valérie 3.** – Dites, on pourra revenir? C'est amusant chez vous.

**Marie et Ernie.** – Non, jamais!

*Valérie 3 et Lucas sortent, Marie se pose dans le canapé.*

**Marie.** – Vous me servez un petit verre? Je l'ai bien mérité!

**Ernie.** – N'inversons pas les rôles, voulez-vous!

**Marie.** – Oups! Je nous sers un petit verre.

**Ernie.** – Un grand, Marie, un grand. *(Marie sert et tous deux s'asseyent. Un temps.)* Quel dimanche!

**Marie.** – Oui! *(Puis se tournant vers Ernie et souriant.)* Mais un dimanche qui rapporte.

*Grise mine d'Ernie.*

## FIN

# AVIS IMPORTANT

Cette pièce de théâtre fait partie du répertoire de la Société des Auteurs et Compositeurs Dramatiques, 11 bis rue Ballu 75442 PARIS Cedex 09. Tél. : 01 40 23 44 44. Elle ne peut donc être jouée sans l'autorisation de cette société.

Nous conseillons d'en faire la demande avant de commencer les répétitions.

Imprimé à la demande par Books On Demand GmbH, Bad Hersfeld, Allemagne

3e trimestre 2014
1re édition, dépôt légal : août 2014
N° d'édition : 201442
ISBN : 978-2-84422-962-5